Das geheimnis

Illustriert von Ivan Canu

Redaktion: Claudia Corrias
Künstlerische Leitung und Gestaltungskonzept: Nadia Maestri
Computerlayout: Carlo Cibrario-Sent, Simona Corniola
Bildbeschaffung: Alice Graziotin

© 2015 Cideb
Erstausgabe: Januar 2015

Fotonachweis: iStockphoto; Shutterstock; Berthold Steinhilber/
laif/contrasto: 12; Jack Mitchell/Getty Images: 19; Imagno/
Getty Images: 20t, 21t; tips images: 20u; Dorling Kindersley/UIG
/ Bridgeman Images: 21u; Private Collection / © Chris Felver
/ Bridgeman Images: 22t; © Richard Levine/Marka: 22u; Blank
Archives/Getty Images: 30; © Zoonar/David Freigne/Marka: 36;
©Mauritius/CuboImages: 38t; © Günter Flegar/imageBROKER/
Marka: 38u; Chris Jackson/Getty Images: 39; Manfred Schmid/
Getty Images: 40u; © Eyeubiquitous/Cuboimages: 41; De Agostini
Picture Library: 49; © BIM DISTRIBUZIONE/WebPhoto: 62.

Wir würden uns freuen, von Ihnen zu erfahren, ob Ihnen dieses
Buch gefallen hat. Wenn Sie uns Ihre Eindrücke mitteilen oder
Verbesserungsvorschläge machen möchten, oder wenn Sie
Informationen über unsere Verlagsproduktion wünschen, schreiben
Sie bitte an:
info@blackcat-cideb.com
blackcat-cideb.com

Member of CISQ Federation

RINA
ISO 9001:2008
Certified Quality System

IQNet

The design, production and distribution of educational materials
for the CIDEB brand are managed in compliance with the rules of
Quality Management System which fulfils the requirements of the
standard ISO 9001 (Rina Cert. No. 24298/02/S - IQNet Reg. No. IT-80096)

ISBN   978-88-530-1523-5   Buch + CD

Gedruckt in Novara, Italien, bei Italgrafica

Inhalt

Die CD enthält den vollständigen Text.

Darsteller

Von links nach rechts, von oben nach unten:: Der geheimnisvolle Mann, Onkel Werner, Valentinas Eltern, Valentinas Eltern, Valentina, Franziska.

Vor dem **Lesen**

Zum Nachdenken

1 Schau dir das Bild auf Seite 7 an und beschreibe das Mädchen.

1 Wie sieht sie aus?

2 Was macht sie gerne?

3 Wofür interessiert sie sich?

Wortschatz

2 Schau dir die Bilder in diesem Kapitel und die Wörter im Kästchen an. Was könnte als nächstes passieren?

> fotografiert — Geld — Altbauwohnung — Geburtstag —
> Ausstellungen — bekannt — arbeiten — intelligent

3 Ergänze die Sätze mit den Wörtern aus der Liste von Übung 2.

1 Viele Menschen kennen die Maria-Theresien-Straße. Sie ist sehr ....

2 Valentina lebt in der Wiener Innenstadt in einer ....

3 Valentina ist wirklich gut in der Schule, und ist sehr ....

4 Valentina sitzt im Sommer am liebsten im Kaffeehaus und .... Menschen, die an ihr vorbei gehen.

5 Valentina verkauft ihre Bilder online, weil sie .... für ihre Sammlung von alten Fotoapparaten braucht.

6 Zum .... wünscht sich Valentina eine richtige Profikamera.

7 Valentina sieht ihre Eltern nicht sehr oft, weil sie so viel ....

8 Valentinas Onkel nimmt sie oft zu .... mit, wo sie viele Künstler trifft.

Valentina

Valentina lebt in Wien, ist 15 Jahre alt und liebt es zu  fotografieren. Sie nimmt ihre Kamera überallhin mit und will nichts mehr, als Fotografin zu werden.

Valentina besucht ein Gymnasium in der Wiener Innenstadt. Sie ist nicht nur sehr kreativ, sie ist auch intelligent und sehr gut in der Schule. Außerdem ist sie sehr hübsch. Sie hat dunkelbraune Augen, schwarze Haare und sie ist für ihr Alter sehr groß.

Valentina lebt in einer Altbauwohnung nur wenige Schritte von der Kärntnerstraße, einer der bekanntesten Einkaufsstraßen in Wien, entfernt. Die wunderschöne Fußgängerzone bietet einen wundervollen Mix aus Shopping und Kultur. Auf der

Kärntnerstrasse befindet sich auch der berühmte, 135 Meter hohe Stephansdom. Hier setzt sich Valentina im Sommer am liebsten in ein Kaffeehaus und fotografiert.

Motive gibt es in der Stadt viele: Touristen aus aller Welt, Kinder, Studenten, Künstler, Menschen, die mit ihren Hunden spazieren gehen, und manchmal auch etwas verrückte Leute. Jedes Bild, das sie macht, erzählt eine ganz eigene Geschichte.

Valentina sammelt alte Fotoapparate. Um Geld für ihre Fotoapparate zu verdienen, verkauft sie ihre Bilder online. Eigentlich wünscht sie sich einmal eine richtige Profikamera, eine digitale Spiegelreflexkamera mit 24 Megapixel und automatischer Sharing-Funktion, damit sie ihre Bilder sofort an ihr Smartphone oder Tablet schicken kann. Aber so viel Geld hat sie nicht und ihre Eltern schenken ihr so etwas nicht.

Valentinas Vater ist Manager und ihre Mutter ist Steuerberaterin. Ihre Eltern haben sehr viel Geld und arbeiten sehr viel. Das hat Vor- und Nachteile. Valentina hat schon viele Orte der Welt gesehen. Sie hat an den schönsten Stränden ihre Urlaube verbracht. Sie war schon in der Karibik, in Thailand und auf den Malediven. Aber unter der Woche sieht sie ihre Eltern nicht oft. Sie gehen sehr früh ins Büro und arbeiten bis spät am Abend. Am Wochenende ruhen sie sich dann meistens aus.

Valentinas Eltern möchten nicht, dass Valentina ihre Freizeit mit dem Fotografieren verbringt. Sie wollen, dass Valentina Wirtschaft oder Jura studiert und ihre Zeit nicht mit der Fotografie verschwendet. Das führt oft zu Streit. „Warum könnt ihr mich nicht einfach so akzeptieren wie ich bin?", sagt dann Valentina.

Valentina ärgert sich, weil ihre Eltern sie nicht ernst nehmen. Geld und Zahlen interessieren sie nicht. Sie ist zwar gut in Mathe, aber das ständige Gerede ihrer Eltern über Beruf und Erfolg geht ihr oft auf die Nerven. „Die haben ja keine Ahnung von Kunst!", schreibt sie im Chat an ihre Freundin, Franziska.

Der einzige, der Valentina versteht, ist ihr Onkel Werner. Onkel Werner arbeitet für eine kleine Zeitung in Wien und kennt die Macht der Bilder. Er nimmt Valentina oft zu Ausstellungen mit, die seine Zeitung organisiert. Dort trifft sie Künstler und Fotografen aus der Szene. Valentina unterhält sich mit ihnen über Kunst und Fotografie.

„Du musst das machen, was du liebst!", sagt Onkel Werner zu Valentina, als sie sich im Kaffeehaus treffen.

„Das ist leicht gesagt, Onkel Werner, aber meine Eltern verstehen das einfach nicht. Sie glauben, dass man mit Kunst kein Geld verdienen kann. Sie fragen mich immer, wie ich damit meine Pension zahlen will", antwortet Valentina.

„Dann musst du sie überzeugen!", antwortet Onkel Werner. „Du hast Talent und du darfst dein Talent nicht verschwenden. Wenn du willst, kann ich mit deinen Eltern darüber sprechen!"

„Nein, das möchte ich nicht," sagt Valentina. „Du musst mir nicht helfen. Ich möchte es alleine schaffen. Ich weiß, dass ich gut bin und ich werde es meinen Eltern beweisen!" Onkel Werner findet es toll, dass Valentina so motiviert und ehrgeizig ist. Manchmal wünscht er sich, dass Valentina seine Tochter ist.

Was steht **im Text?**

Textverständnis

1 **Was ist richtig (R), was ist falsch (F)?**

		R	F
1	Valentina ist ein Teenager.	☐	☐
2	Valentina hat sehr gute Noten in der Schule.	☐	☐
3	Valentina hat dunkle Augen und schwarze Haare.	☐	☐
4	In Wien gibt es sehr viel zu fotografieren.	☐	☐
5	Valentina ist mit ihrem Fotoapparat zufrieden.	☐	☐
6	Valentinas Eltern wollen, dass Valentina Fotografin wird.	☐	☐
7	Valentina ist oft alleine, weil ihre Eltern viel arbeiten.	☐	☐
8	Valentina will Managerin oder Anwältin sein.	☐	☐
9	Valentina ist oft genervt, wenn ihre Eltern über ihre Zukunft reden.	☐	☐
10	Onkel Werner hilft und unterstützt Valentina.	☐	☐

2 **Beantworte kurz die folgenden Fragen.**

1 Was wissen wir über Valentina?
2 Was machen Valentinas Eltern beruflich?
3 Was ist Valentinas größter Traum?
4 Wie unterstützt Onkel Werner Valentina?

Grammatik

Verben im Präsens

Infinitiv: *fotografieren*

Person	Singular		Plural	
1. Person	ich	fotografier- **e**	wir	fotografier- **en**
2. Person	du	fotografier- **st**	ihr	fotgrafier- **t**
3. Person	er/sie/es	fotografier- **t**	sie, Sie	fotografier- **en**

Ausnahmen:

Endet der Verbstamm auf **s**, **ss**, **ß**, **tz**, **x**, steht in der 2. Person Singular nur **-t** : *ich küsse, du küsst*

Endet der Verbstamm auf **-d** oder **-t**, wird in der 2. und 3. Person Singular und in der 2. Person Plural ein **-e** eingefügt : *ich rede, du redest*

❸ Konjugiere die Verben.

	spielen	wohnen	leben	lernen
ich				
du				
er/sie/es				
wir				
ihr				
sie, Sie				

❹ Konjugiere die Verben.

	küssen	sitzen	reden	arbeiten
ich				
du				
er/sie/es				
wir				
ihr				
sie, Sie				

Sprechen

❺ Valentina will Fotografin werden. Und du? Was willst du einmal werden? Warum? Was interessiert dich daran? Sprich darüber!

Schreiben

6 Lies die Beschreibung von Valentina ein zweites mal und beschreibe dich dann selber. Schreibe darüber einen kurzen Text.

KULTUR und LANDESKUNDE

Wiener Kaffeehäuser

Das Kaffeehaus hat in Wien eine lange Tradition. Beim Kaffeehausbesuch bestellt man nicht nur einen Kaffee, sondern man darf auch stundenlang im Kaffeehaus sitzen bleiben und Zeitungen oder Zeitschriften lesen. Das klassische Wiener Kaffeehaus hat auch eine bestimmte Einrichtung 1. Dazu gehört zum Beispiel der klassische Thonet-Stuhl, ein Stuhl, den der Tischler Michael Thonet erfunden hat.
In manchen Wiener Kaffeehäusern kann man auch im Freien sitzen. Oft gibt es vor dem Lokal den sogenannten Schanigarten, bei dem man draußen Kaffee trinken und gleichzeitig auch Menschen beobachten kann.

Zum Kaffee gibt es im Wiener Kaffeehaus immer eine Mehlspeise. Wien ist berühmt für seine Kuchen und Torten.

7 Beantworte kurz die folgenden Fragen.

1 Was kann man in einem typischen Wiener Kaffeehaus essen?
2 Was ist ein Thonet-Stuhl?
3 Wie nennt man den Bereich im Wiener Kaffeehaus, wo man im Freien sitzen kann?
4 Was ist bei einem Besuch im Wiener Kaffeehaus besonders?

1. **e Einrichtung**: Möbel

Vor dem Lesen

Zum Nachdenken

1 Schau dir das Bild auf Seite 17 an und beschreibe es.

1 Was wird hier gefeiert?

2 Wer sind die Menschen auf diesem Foto?

3 Warum sieht Valentina so glücklich aus?

Wortschatz

2 Schau dir die Bilder in diesem Kapitel und die Wörter im Kästchen an. Was könnte als nächstes passieren?

> schreibt — sprechen — bekommt — organisiert —
> berühmte — freut — spät — schwimmen

3 Ergänze die Sätze mit den Wörtern aus der Liste von Übung 2.

1 Valentinas Eltern haben ihr eine tolle Geburtstagsparty
....

2 Valentina und ihre Freundin .... nur noch über diese Party.

3 Bei der Party .... sich Valentina schon besonders auf das riesige Feuerwerk.

4 Valentina .... in einem Blog Geschichten zu ihren Bildern.

5 Bei der Party............................ viele Freunde im Pool und ein DJ spielt Musik.

6 Valentina .... von ihren Eltern eine Reise nach New York geschenkt.

7 Annie Leibowitz ist eine sehr .... Fotografin.

8 Valentinas Onkel Werner kommt erst sehr .... zur Party.

Zum Geburtstag viel Glück!

n drei Tagen hat Valentina Geburtstag. Sie wird am 17. August
16 Jahre alt. Ihre Eltern haben ihr eine tolle Party versprochen
und Valentina freut sich schon darauf. Sie hat viele Freunde
eingeladen und mit ihrer besten Freundin, Franziska, redet sie
über nichts anderes mehr. Es sollen fast dreißig Freunde zu ihrer
Party kommen.

Valentina und Franziska planen eine tolle Poolparty in ihrem
Garten, mit Cocktails (natürlich ohne Alkohol) und eine Kleinigkeit
zum Essen. Valentinas Eltern haben ihr auch einen DJ versprochen.
Davon sind Valentina und Franziska besonders begeistert. Um
Mitternacht gibt es dann ein riesiges Feuerwerk. Valentina mag

besonders die großen, bunten Kugeln, die gleich drei-oder vier-mal in der Luft explodieren.

Valentina hat sich von ihren Eltern eine neue Kamera gewünscht. Diese Profikamera von der sie dauernd spricht. Valentina hat nämlich ihren eigenen Blog und es ist sehr schwierig, die Bilder darauf hochzuladen [1]. Mit dieser neuen Kamera geht das automatisch, per Knopfdruck. Ihre Eltern sind zwar nicht immer begeistert, dass sie fotografiert, aber schließlich ist es ja ihr 16. Geburtstag!

In ihrem Blog postet Valentina ihre besten Bilder. Seit einiger Zeit erfindet sie auch Geschichten zu ihren Bildern. Sie fotografiert interessante Motive von ihrem Platz im Café und schreibt etwas darüber. Das ist so gut angekommen, dass fast 2000 Menschen ihren Blog lesen.

Zwei Tage später ist Valentinas Geburtagsparty in vollem Gange [2]. Viele Jugendliche schwimmen im Pool, der DJ spielt tolle Musik und die Stimmung könnte nicht besser sein. Dann wird die Musik leiser und Valentinas Vater nimmt das Mikrofon in die Hand. Er will eine Rede halten. Hoffentlich wird das nicht peinlich, denkt sich Valentina.

„Liebe Valentina", sagt er, „zu deinem 16. Geburtstag haben deine Mutter und ich uns etwas ganz Besonderes ausgedacht. Am Montag fliegen wir mit dir eine Woche nach New York!"

Alle applaudieren. Valentina geht zur Bühne und umarmt ihren Vater. „Danke Papa!", sagt sie. Obwohl sie sich über die Reise freut, ist sie ein bisschen enttäuscht. Sie hat sich ja so sehr diese Kamera gewünscht. Außerdem weiß sie, dass sie sich in New York nicht die Sachen ansehen kann, die sie will. Das ist immer so.

1. **hochladen:** upload
2. **in vollem Gange:** sie hat schon begonnen

Dann nimmt Valentinas Mutter das Mikrofon in die Hand. „Außerdem", sagt sie, „haben wir dir Karten für die Annie Leibowitz Ausstellung im Guggenheim Museum besorgt!"

Valentina kann es kaum gauben. Annie Leibowitz ist eine der berühmtesten Fotografinnen der Welt. Sie hat schon Menschen wie John Lennon, Michael Jackson und sogar Queen Elizabeth II fotografiert. Ihre Ausstellung zu sehen und sie vielleicht zu treffen wäre das allergrößte. Außerdem gibt es in der Stadt gerade eine Ausstellung von Andy Warhol, ihrem Lieblingskünstler. Valentina liebt die bunten Pop-Art Bilder von Warhol, vor allem die von der Schauspielerin Marilyn Monroe und dem King of Rock n' Roll, Elvis Presely.

Kurz vor Mitternacht kommt auch endlich Onkel Werner. Er kommt auch immer zu spät. „Du hast fast das Feuerwerk verpasst!", wirft ihm Valentina vor.

Onkel Werner reicht Valentina sein Geschenk und flüstert ihr ins Ohr: „Nutze den Tag. Du sollst jeden Tag so leben, als ob er dein letzter ist!"

Valentina reißt das Papier von der Schachtel und ist total überrascht, als sie sieht, was darunter steckt: Onkel Werner hat ihr die Kamera geschenkt, von der sie so lange geträumt hat.

Valentina umarmt ihren Onkel und springt vor Freude in die Luft.

Was steht **im Text?**

Textverständnis

1 Was ist richtig (R), was ist falsch (F)?

		R	F
1	Valentina wird am 16. August 17 Jahre alt.	☐	☐
2	Valentina veranstaltet zu ihrem Geburtstag eine große Party.	☐	☐
3	Franziska ist Valentinas Schwester.	☐	☐
4	Valentina wünscht sich von Onkel Werner eine neue Kamera.	☐	☐
5	Valentina hat einen sehr bekannten Blog.	☐	☐
6	Valentina fotografiert gerne ihr Lieblingscafé.	☐	☐
7	Die Familie fliegt am nächsten Tag nach New York.	☐	☐
8	In New York darf Valentina zu einer Kunstausstellung gehen.	☐	☐
9	Onkel Werner kommt erst sehr spät zur Party.	☐	☐
10	Onkel Werner verpasst das große Feuerwerk.	☐	☐

2 Beantworte kurz die folgenden Fragen.

1 Was hat Valentina für ihre Party geplant?

2 Warum will Valentina eine bessere Kamera?

3 Was bekommt Valentina von ihren Eltern zum Geburtstag?

4 Was bekommt Valentina von Onkel Werner zum Geburtstag?

Sprechen

3 Valentina bekommt von ihrem Onkel die Digitalkamera geschenkt die sie sich schon immer gewünscht hat. Und du? Was war das allerbeste Geschenk das du jemals bekommen hast?
Sprich darüber!

Schreiben

4 In drei Tagen hat Valentina Geburtstag. Sie wird am 17. August 16 Jahre alt. Ihre Eltern haben ihr eine tolle Party versprochen und Valentina freut sich schon darauf.

Wie sieht deine Traumparty aus? Schreibe einen kurzen Text darüber. Wer ist dort? Welche Musik spielt? Was gibt es zu essen?

So kannst du anfangen:

Meine Traumparty findet in ... statt.

Dort gibt es...

... lade ich zu meiner Traumparty ein.

KULTUR und LANDESKUNDE

Andy Warhol

Andy Warhol (1928-1987), der berühmteste Vertreter der sogenannten Pop-Art[1], malt 1964 ein Bild von Marilyn Monroe. Der Pop-Art-Künstler malt auch andere Schauspieler und Sänger, wie Elvis Presley und Mick Jagger. Warhols Kunst umfasst viele Formen von Medien, wie Hand-Zeichnungen, Malerei, Druckgrafik , Fotografie, Siebdruck, Skulptur, Film und Musik. Das Bild von Marilyn wird 2007 für $80 Millionen verkauft. 2008 wird sein Bild von Elvis Presley bei einer Auktion für $100 Millionen verkauft. Warhol stirbt 1987 nach einer Operation und ist einer der bekanntesten Künstler des 20. Jahrhundert.

5 **Beantworte kurz die folgenden Fragen.**

1   Wie heißt die Kunstrichtung, die Warhol berühmt gemacht hat?

2   Welche Art von Kunst gibt es von Warhol?

3   Wie stirbt Warhol?

---

1.   Die Pop-Art ist eine Kunstrichtung, die Mitte der 50er Jahre des 20. Jahrhunderts in England und in den USA entsteht. Die Motive sind der Alltagskultur, der Welt des Konsums, den Massenmedien und der Werbung entnommen.

Österreichische
Künstler

Gustav Klimt

Der berühmte österreichische Maler Gustav Klimt (1862-1918) ist ein bekannter Künstler des Jugendstils [1]. Klimt hat sechs Geschwister und sein Vater ist Goldgraveur [2].

Gustav soll auch diesen Beruf lernen, aber bekommt ein Stipendium [3] für die Kunstschule in Wien. Auch die zwei Brüder von Gustav, Ernst und Georg, sind Künstler. Im Alter von 20 Jahren bemalt Klimt die Decke der Hermesvilla, ein Schloss von Kaiserin Elisabeth. Auch im Wiener Burgtheater malt Klimt.

1907 entsteht *Der Kuss*, das berühmteste Gemälde von Gustav Klimt. Das Bild gibt es heute auf Gläsern, Spielkarten, Briefmarken, Tragetaschen, Espressotassen und Handy-Hüllen.

Für sein Bild bekommt Klimt damals 25.000 österreichische Kronen. Heute ist das Bild 135 Millionen Dollar wert und hängt im Schloss Belvedere.

Der Kuss.

1. **Jugendstil:** die Kunst vom 19. — 20. Jahrhundert
2. **r Graveur:** er ritzt oder kratzt Schrift auf Gold und Schmuck
3. **s Stipendium:** er bekommt Geld, damit er dort studieren kann

Friedensreich Hundertwasser

Friedensreich Hundertwasser, ein weiterer berühmter österreichischer Künstler, lebt von 1928 bis 2000 in Wien. Eigentlich heißt er Friedrich Stowasser.

Friedrich ist der einzige Sohn des arbeitslosen Ingenieurs Ernst Stowasser. Sein Vater stirbt kurz nach der Geburt von Friedrich und er wächst alleine mit seiner Mutter Elsa auf.

Als junger Mann besucht er die Akademie der bildenden Kunst in Wien und will Künstler werden. Hundertwasser interessiert sich auch für Architektur.

Das Hundertwasserhaus.

Sein berühmtestes Werk ist das Hundertwasserhaus in Wien. Eröffnet wird es im September 1985. Es ist eine Wohnanlage [4] in der Kegelgasse, die Millionen von Menschen jedes Jahr besuchen.

4. **Wohnanlage:** ein Haus mit vielen Wohnungen

Hermann Nitsch

Hermann Nitsch ist ein österreichischer Maler und Künstler. Er kommt 1938 in Wien zur Welt. Am Anfang arbeitet Nitsch als Grafiker und kurz danach als Künstler. Seine Sammlungen findet man in Belgien, Deutschland, Dänemark, England, Frankreich, Italien, Kanada, Österreich und den USA.

Nitsch ist für seine Schüttbilder bekannt. Er fängt in den 1960er Jahren damit an. Bei seinem Orgien-Mysterien-Theater, eine Mischung aus Kunst, Theater und Musik, stellt Nitsch auch tote Tiere aus. Er malt auch mit Tierblut. Dafür wird er stark kritisiert.

1 Beantworte die folgenden Fragen.

1 Was macht Klimt im Alter von nur 20 Jahren?
2 Wie heißt das berühmteste Werk von Gustav Klimt?
3 Wie heißt Friedrich Stowasser mit Künstlernamen?
4 Was ist sein berühmtestes Werk?
5 Was macht Nitsch, bevor er Künstler wird?
6 Wo findet man seine Werke?

West Chelsea arts district of New York: Hermann Nitsch (links) arbeitet an einem seiner Acion Paintings.

Vor dem **Lesen**

Zum Nachdenken

1 Schau dir die Bilder auf Seite 24 und 27 an und beantworte die Fragen.

1 Beschreibe das Foto, das Valentina gemacht hat.
2 Warum sieht sie das Foto auf Seite 27 so interessiert an?
3 Warum ist das geheimnisvolle Foto so wichtig? Was glaubst du?

Wortschatz

2 Schau dir die Bilder in diesem Kapitel und die Wörter im Kästchen an. Was könnte als nächstes passieren?

> spricht — sitzt — liebt — macht —
> interessantes — trägt — Foto — isst

3 Ergänze die Sätze mit den Wörtern aus der Liste von Übung 2.

1 Valentina .... oft in ihrem Lieblingscafé in der Kärntnerstraße in Wien.
2 Im Kaffeehaus trinkt sie gerne Kaffee und .... Kuchen.
3 Vom Kaffeehaus aus .... sie sehr viele Fotos.
4 Sie............................. es, Menschen zu fotografieren.
5 Eines Tages macht Valentina ein sehr .... Foto.
6 Manchmal .... Valentina mit sich selber wenn sie fotografiert. Andere finden das seltsam.
7 Sie macht ein .... von einem geheimnisvollen Mann, der in der Stadt geht.
8 Es ist sehr heiß draußen, aber der Mann auf dem Foto .... einen Mantel.

Das geheimnisvolle Foto

V alentina sitzt wieder in ihrem Lieblingscafé in der
Kärtnerstraße in Wien. Im Sommer sind besonders viele
Menschen in der Altstadt unterwegs. Es sind vor allem
Touristen.

Heute ist es besonders warm, aber trotzdem bestellt Valentina
einen Verlängerten, eine typisch Wienerische Kaffeespezialität.
Dazu nimmt sie eine Mehlspeise [1]. Wien ist für seine Mehlspeisen
bekannt! Valentina bestellt eine Sachertorte [2], von der sie zuerst
immer die Schokolade wegisst.

1. **e Mehlspeise(n)**: süße Speise (in Österreich), vor allem Kuchen.
2. **e Sachertorte**: eine Schokoladentorte mit Marillenmarmelade und
    Schokoladenglasur. Sie gilt als eine Spezialität der Wiener Küche.

Das geheimnisvolle Foto

Als sie mit ihrem Kuchen fertig ist, nimmt Valentina ihre neue Kamera aus der Tasche. Sie sieht eine Familie. Der Vater hat das Kind auf den Schultern, die Mutter hat ein zweites Kind an der Hand und zeigt auf den Stephansdom. Alle vier sind begeistert. „Das gibt eine tolle Geschichte!", flüstert sich Valentina selber zu.

Ein Mann, der neben Valentina Zeitung liest, schaut sie an. Er denkt, dass Valentina vielleicht ein bisschen verrückt ist. Sie sitzt da im Kaffeehaus, macht Fotos und spricht mit sich selber. Aber Valentina ist das egal. Sie sucht sich immer wieder neue Motive und knipst und knipst.

Es ist schon fast fünf Uhr. Valentina will noch zur Hofburg. Vor der Hofburg, wo der Bundespräsident und der Bundeskanzler ihre Sitze haben, gibt es einen schönen Garten. Hier will Valentina noch ein wenig Sonne tanken.

„Zahlen bitte!", ruft sie dem Kellner zu.

Als Valentina aufsteht bemerkt sie etwas Merkwürdiges[3]. Sie sieht einen Mann in der Ferne. Das Seltsame daran: Der Mann trägt einen Mantel, und das mitten im Sommer. Außerdem trägt der Mann einen runden Hut und eine auffallende, rote Krawatte. In der linken Hand trägt der Mann eine Ledertasche. Es sieht aus, als wäre die Tasche schwer. Leider ist das Gesicht des Mannes aus dieser Ferne nicht zu sehen. Nicht einmal mit ihrem Zoom kann Valentina es gut sehen.

Valentina kennt sich in der Kunst sehr gut aus und sofort erinnert sie der Mann an das Gemälde[4], „der Sohn des Mannes", von René Magritte. Auf diesem Bild ist auch ein Mann in einem Mantel und einem Hut, der vor einer kleinen Mauer steht. Hinter

3. **merkwürdig:** seltsam.
4. **s Gemälde(-):** s Bild

ihm befindet sich das Meer und ein bewölkter Himmel. Das Gesicht des Mannes ist von einem grünen Apfel verdeckt.

„Seltsam!", flüstert sie. „Es hat heute bestimmt über 25 Grad. Warum trägt der Mann einen Mantel und einen Hut? Das muss ich mir genauer ansehen."

Valentina steht auf und wirft dabei ihren Stuhl um. Als sie sich wieder umsieht, ist der Mann verschwunden. Valentina setzt sich wieder und schaut sich die Fotos auf ihrer Digitalkamera an. Sie hat gleich mehrere Male abgedrückt. Der Mann ist gut zu sehen, aber sein Gesicht kann man nicht erkennen. Er trägt eine Sonnenbrille und hält etwas davor. Valentina schickt das Foto gleich auf ihren Blog und schreibt dazu:

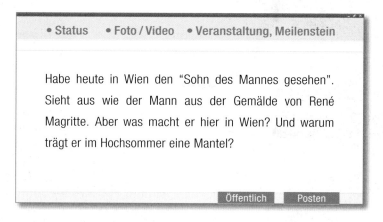

• Status   • Foto / Video   • Veranstaltung, Meilenstein

Habe heute in Wien den "Sohn des Mannes gesehen". Sieht aus wie der Mann aus der Gemälde von René Magritte. Aber was macht er hier in Wien? Und warum trägt er im Hochsommer eine Mantel?

Öffentlich   Posten

Noch am Abend schreibt Valentina zu ihrem Foto den Anfang einer spannenden Geschichte und stellt sie auf ihren Blog.

Was steht **im Text?**

Textverständnis

1 **Was ist richtig (R), was ist falsch (F)?**

                                                         R **F**

  1   Valentina sitzt am liebsten in einem Café auf der
       Mariahilferstrasse.   ☐ ☐

  2   Valentina bestellt einen Kaffee und eine Torte.   ☐ ☐

  3   An diesem Tag ist es nicht besonders warm.   ☐ ☐

  4   Valentina macht viele Fotos.   ☐ ☐

  5   Der österreichische Bundeskanzler lebt in der Hofburg.   ☐ ☐

  6   Valentina sieht einen Mann mit einem Pullover, obwohl es
       Sommer ist.   ☐ ☐

  7   Der Mann trägt einen schweren Aktenkoffer.   ☐ ☐

  8   Der Mann erinnert Valentina an ein bekanntes Gemälde.   ☐ ☐

  9   Als Valentina aufsteht, wirft sie einen Stuhl um.   ☐ ☐

 10 Valentina läuft dem seltsamen Mann nach.   ☐ ☐

2 **Beantworte kurz die folgenden Fragen.**

  1   Was ist ein Verlängerter?

  2   Warum denkt der Mann im Kaffeehaus, das Valentina vielleicht ein
       bisschen verrückt ist?

  3   Wer arbeitet in der Hofburg?

  4   Was findet Valentina am Mann in der Ferne seltsam?

Grammatik

hängen, legen, setzen, stellen, stecken

Die Verben *hängen, legen, setzen, stellen* und *stecken* haben eine
Akkusativ- und eine Direktiv-Ergänzung. Die Direktiv-Ergänzung wird
mit einer Präposition eingeleitet. Oft sind es Wechselpräpositionen: : *an,
auf, hinter, in, neben, über, unter, vor* und *zwischen*. In einer Direktiv-
Ergänzung verlangen die Wechselpräpositionen den **Akkusativ**.

Das Fragewort zu der Direktiv-Ergänzung ist *wohin*.

Merke: Für manche Präpositionen verwendet man auch eine Kurzform:

in + *das* = *ins*

an + *das* = *ans*

Bildung:

Subjekt	Verb	Akkusativ-Ergänzung WAS? — WEN?	Direktiv- Ergänzung (Präposition + Akkusativ) WOHIN?
Ich	lege	den Schlüssel	auf den Tisch.
Du	setzt	das Baby	in den Autositz.
Paul	hängt	die Medaille	an die Wand.
Wir	stellen	die Bücher	in die Regale.

3 Ergänze die Sätze, dann schreibe die Fragen dazu.

1 ....
   Ich stelle das Buch in .... Bücherregal (s).

2 ....
   Die Schüler hängen die Zeichnungen an .... Wand (e).

3 ....
   Papa fährt das Auto in .... Garage (e).

4 ....
   Mama setzt meinen Bruder in .... Kinderstuhl (r).

5 ....
   Der Vogel setzt sich auf .... Dach (s).

6 ....
   Der Mann versteckt sich hinter .... Tür (e).

7 ....
   Der Junge hängt das Bild über .... Tür (e).

8 ....
   Mutter stellt den Einkauf neben .... Auto (s).

9 ....
   Die Kinder Spielen im Garten. Sie setzen sich auf ....
   Schaukel (e).

10 ....
   Maria versteckt ihr Tagebuch in .... Truhe (e).

Sprechen

4 In diesem Kapitel schreibt Valentina über das Gemälde *Der Sohn des Mannes* von René Magritte. Such dir ein Bild oder Gemälde aus, das dir besonders gut gefällt uns beschreibe es. Sprich darüber!

Schreiben

5 Bei der Sprechübung hast du über ein Bild oder Gemälde gesprochen, dass dir gut gefällt. Schreibe jetzt einen kurzen Text darüber. Du kannst dazu die Beschreibung zum Gemälde *Der Sohn des Mannes* unten lesen.

* *Mein Lieblingsbild ist...*
* Beschreibe das Bild.
* *Es gefällt mir, weil...*

KULTUR und LANDESKUNDE

Der Sohn des Mannes

Der *Sohn des Mannes* ist ein berühmtes Gemälde von René Magritte, einem belgischen Maler, der von 1898-1967 lebte. Magritte malt das Bild als ein Selbstporträt. Das Bild besteht aus einem Mann in einem Mantel und einem Hut, der vor einer niedrigen Mauer steht. Hinter ihm ist das Meer und ein bewölkter Himmel. Das Gesicht des Mannes ist teilweise von einem schwebenden grünen Apfel verdeckt. Das Gemälde befindet sich in einer Privatsammlung und kommt in vielen Büchern und berühmten Filmen sowie in einem Video von Michael Jackson vor. Paul McCartney, Sänger und Bassist der Beatles, ist ein lebenslanger Fan von Magritte und besitzt viele seiner Gemälde, und behauptet, dass ein Gemälde von Magritte ihn inspiriert hat, den Namen „Apple" (= *Apfel*) für das Beatles Medienunternehmen zu verwenden.

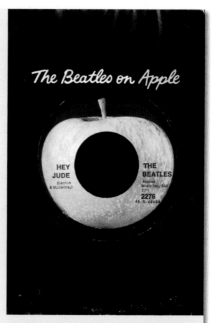

6 Beanworte die folgenden Fragen.

1 Woher kommt René Magritte?

2 Suche im Internet das Bild *Der Sohn des Mannes und beschreibe es.*

3 Welcher berühmter Musiker besitzt viele Gemälde von Magritte?

Vor dem **Lesen**

Zum Nachdenken

1 **Schau dir die Bilder auf Seite 32 und 33 an.**

1 Wie passt der Juwelenraub in die Geschichte?

2 Wie verhält sich die Familie beim Frühstück?

3 Vergleiche das Bild auf Seite 33 mit deiner Familie. Wie wird bei euch gefrühstückt?

Wortschatz

2 **Schau dir die Bilder in diesem Kapitel und die Wörter im Kästchen an. Was könnte als nächstes passieren?**

> lesen — konzentrieren — ausrauben (räubt ... aus) —
> — schreibt — interessanter — liebsten — reden —
> Schlagzeilen — gemeinsam — hört ... zu

3 **Ergänze die Sätze mit den Wörtern aus der Liste von Übung 2.**

1 Valentina und ihre Eltern frühstücken oft ....

2 Am .... liest Papa beim Frühstück die Zeitung. Er liest die .... laut vor und .... Valentina nie ....

3 Valentinas Eltern .... nicht sehr viel.

4 Heute ist ein sehr .... Artikel in der Zeitung.

5 In der Wiener Innenstadt .... man einen Juwelier ....

6 Valentina hat am Vorabend ihr Foto ins Netz gestellt und .... dazu eine Geschichte.

7 Viele Menschen .... Valentinas neuen Blog.

8 Valentina kann sich in der Schule nicht .... : Sie denkt an ihren Blog.

Juwelenraub¹ in Wien

Am nächsten Morgen sitzt Valentina mit ihren Eltern beim Frühstück. Ihre Mama trinkt einen Kaffee, ihr Papa liest die Zeitung und Valentina ihr Tablet und schaut sich die Nachrichten auf ihrem Blog an. Sie ist überraschst. Sie hat über vierzig Nachrichten.

„Was ist denn hier los?", flüstert Valentina vor sich hin. Alle Nachrichten haben mit Valentinas Blogeintrag von gestern zu tun. Ihre Freunde sind von ihrem Bild und der Geschichte begeistert. Sie werden über hundert mal geteilt und weitergeleitet.

Valentina will ihrem Papa von ihrem Blog erzählen, aber er hört nie zu, wenn er die Zeitung liest. Er liest die Schlagzeilen immer laut vor sich hin und regt sich dann darüber auf.

---

1. **r Juwelenraub(¨e):** Schmuck wird aus einem Laden geklaut.

„Schon wieder werden die Steuern erhöht!", schimpft er. „Das ist doch nicht zu fassen. Diese Regierung macht einfach, was sie will!" Valentina reagiert nicht.

Valentina packt ihr Tablet in ihren Rucksack und mach sich auf den Weg zur Schule. Sie küsst ihre Mama. „Tschüss Mama!" und dann ihren Papa. „Tschüss Papa, bis später!" Valentinas Papa bemerkt sie gar nicht. „Juwelenraub in Wien!", liest Valentinas Papa weiter vor. „Das ist ja kaum zu fassen. Am helllichten Tag raubt man einen Juwelier in der Innenstadt aus. Früher hat es so etwas nicht gegeben!" Valentina schüttelt ihren Kopf und geht zur Schule.

In den ersten zwei Unterrichtsstunden kann sich Valentina nicht konzentrieren: Sie denkt die ganze Zeit an ihren Blog. In der Pause nimmt sie wieder ihr Tablet heraus und kann es kaum glauben. Drei hundert Personen haben ihr Foto und ihre Geschichte kommentiert und die meisten davon haben sie geteilt oder weitergeleitet. Dann kommt schon Franziska angelaufen.

„Mensch Valentina", ruft sie, „das Foto auf deinem Blog und dieser Krimi sind ja echt Wahnsinn! Ich konnte nicht aufhören zu lesen. Ich will unbedingt wissen, wie die Geschichte weiter geht."

In den nächsten Tagen schreibt Valentina an ihrer Geschichte weiter. Immer mehr Personen lesen sie und teilen das Bild und die Geschichte. Sogar die Schülerzeitung hat das Foto und die Geschichte in der neuen Ausgabe gedruckt. Valentina ist überglücklich[2].

---

2.   **überglücklich**: sehr, sehr glücklich.

Was steht **im Text?**

Textverständnis

1 **Was ist richtig (R), was ist falsch (F)?**

		R	F
1	Beim Früstück redet die Familie gerne miteinander.	☐	☐
2	Valentinas Blogeintrag ist ein großer Erfolg.	☐	☐
3	Valentinas Freunde mögen ihre neue Geschichte.	☐	☐
4	Valentina erzählt ihrem Papa von dem Blog.	☐	☐
5	Valentinas Papa regt sich über die Politik auf.	☐	☐
6	Valentina nimmt ihr Tablet mit in die Schule.	☐	☐
7	Gestern Abend hat man einen Juwelier ausgeraubt.	☐	☐
8	In der zweiten Unterrichtsstunde schaut sich Valentina ihren Blog an.	☐	☐
9	Viele hundert Personen haben Valentinas Beitrag gelesen.	☐	☐
10	Valentina arbeitet für die Schülerzeitung.	☐	☐

2 **Beantworte kurz die folgenden Fragen.**

1 Was macht Valentinas Familie beim Früstück?
2 Warum kann Valentina ihrem Vater nicht von ihrem Blog erzählen?
3 Was macht Valentina in der Schule?
4 Was passiert in den nächsten Tagen?

Grammatik

3 **Ergänze die Tabelle.**

Person	sein	haben
ich	bin	habe
du	....	....
er/sie/es	ist	hat
wir	sind	....
ihr	seid	habt
sie, Sie	....	haben

4 Ergänze mit der richtigen Form von *sein* oder *haben*.

1 Wir .... morgen einen Test.
2 Der Bauer .... Kühe im Stall.
3 Die Lehrerin .... vierzig Jahre alt.
4 .... ihr morgen eine Abschlussparty?
5 Mein Onkel .... von Beruf Journalist.
6 .... ihr morgen eine Klassenarbeit?

5 Ergänze mit der richtigen Form von *sein* oder *haben*.

Valentina .... 15 Jahre alt. Sie .... aus Wien. Sie
.... eine Digitalkamera. Sie .... sehr hübsch. Sie
.... dunkelbraune Augen und .... für ihr Alter sehr groß.
Sie .... in der Schule sehr gute Noten. Ihre Eltern ....
eine Wohnung in der Kärtnerstrasse. Ihr Eltern .... sehr gute
Jobs. Valentinas Traum .... , Fotografin zu werden.

Schreiben

6 In der Zeitung steht „Juwelenraub in Wien." Schreibe einen kurzen
Text zu dieser Schlagzeile. Was ist passiert?

KULTUR und LANDESKUNDE

Wiener Frühstück

Ein perfekter Morgen fängt in Wien mit
einem typischen Wiener Frühstück an. In
einem der zahlreichen Kaffeehäuser kann
man es bestellen. Zu einem richtigen Wiener
Frühstück gehört das richtige Gebäck , wie
zum Beispiel ein Kipferl oder eine Semmel.
Zum Gebäck gibt es ein weichgekochtes Ei,
Schinken und natürlich einen Verlängten.

7 Beantworte die folgenden Fragen.

1 Was gehört zu einem typischen Wiener Frühstück dazu?
2 Was isst du am liebsten zum Frühstück? Sprich darüber!

Die Hofburg.

Wien – Eine Stadtrundgang

Wien ist die Hauptstadt von Österreich und ist mit über 1,7 Millionen Einwohnern auch die größte Stadt Österreichs. Wien gilt als die Stadt mit der höchsten Lebensqualität in Europa.

In Wien gibt es so viel zu sehen. Zum Beispiel kann man auf den Spuren der Habsburger Monarchie eines der vielen Schlösser besuchen, wie das **Schloss Schönbrunn**, das **Schloss Belvedere** oder die **Wiener Hofburg**. Im Schloss Belvedere kann man auch das berühmte Werk *Der Kuss* von Gustav Klimt oder Werke von Egon Schiele, einem weiteren berühmten österreichischen Künstler, sehen.

Schönbrunn

Der Stephansdom.

Der **Stephansdom** ist das Wahrzeichen oder Symbol Wiens und Österreichs bedeutendstes gotisches Bauwerk. Der Dom, auch Steffl genannt, ist 107 Meter lang und 34 Meter breit. Im Südturm befinden sich insgesamt 13 Glocken. Im Nordturm befindet sich die Pummerin, die zweitgrößte freischwingend läutende Kirchenglocke Europas. Im 2. Weltkrieg wird der Dom fast vollständig zerstört und in weniger als 7 Jahren wieder aufgebaut.

In Wien darf natürlich auch ein Besuch im **Riesenrad** nicht fehlen, ein weiteres Symbol der Stadt. Aus dem Riesenrad kann man die Stadt aus ca. 65 Metern Höhe anschauen und darin sogar essen und trinken.

Das Riesenrad.

Die Spanische Hofreitschule.

Aus dem Riesenrad hat man auch einen Blick auf den Wiener Prater, Wiens bekannten Vergnügungspark. Gleich beim Eingang zum Prater befindet sich das berühmte Wachsmuseum, Madame Tussaud's, wo man Wachsfigure wie Arnold Schwarzenegger oder Österreichs Skilegende Hermann Maier sehen kann.

Wer noch höher sein will als im Riesenrad, der besucht den **Donauturm**. Der Turm wird 1964 gebaut. Er ist 252 Meter hoch, und hat zwei Schnell-Lifte, die dich in 35 Sekunden zum rotierenden Aussichtsrestaurant in 165 Metern Höhe bringen. Wer mutig ist, kann einen Bungee-Jump aus 150 Metern vom Donauturm machen.

In Wien sollte man natürlich auch die **Spanische Hofreitschule** besuchen. Die Ballettvorführung mir den berühmten weißen Pferden, den Lipizzanern, sollte man auf jeden Fall sehen.

In der **Schatzkammer** gibst es viele Schmuckstücke der Habsburger, wie Kaiserkronen des österreichischen und römischen Reiches.

Das **Burgtheater** ist das größte deutschsprachige Sprechtheater. Schon vor über 250 Jahren wird hier gespielt.

Ein Fiaker.

Spaß für alle

Im Juni findet in Wien jedes Jahr das größte Open-Air-Event
Europas Statt. Über drei Millionen Besucher kommen jedes
Jahr zum Donauinselfest, wo es Konzerte, Kabarett, Sport und
Kinderprogramm gibt. Bei dieser Megaparty gibt es fast 2000 Künstler
und 600 Stunden Programm auf 11 Bühnen. Außerdem kann man aus
10 Metern Höhe auf ein riesiges Luftkissen springen oder bei einem
Schnellkletterwettbewerb auf eine 15 Meter hohe Wand klettern.

Das Donauinselfest.

Rund um Wien... mit

...dem Fiaker. Ein Fiaker ist eine Kutsche mit zwei eingespannten Pferden. In Wien kann man mit ihnen durch die Stadt fahren und den Stephansplatz und die Wiener Staatsoper damit besuchen. Die erste Fiakerlizenz gibt es in Wien schon 1693. Heute gibt es noch ungefähr 140 Fiaker in Wien.

...der Bim. In Wien nennt man die Straßenbahn auch die Bim. Die erste Wiener Bim fährt bereits vor fast 150 Jahren, 1883.

1 Lies den Text über Wien und erstelle ein Quiz darüber.

Wien-Quiz
0 Frage: Wie heißt die Wiener Straßenbahn?
Antwort: Die Bim.
1 Frage: ....
Antwort: ....
2 Frage: ....
Antwort: ....
3 Frage: ....
Antwort: ....
4 Frage: ....
Antwort: ....
5 Frage: ....
Antwort: ....

Vor dem **Lesen**

Zum Nachdenken

1 Schau dir die Bilder auf Seite 43 und 45 an und beantworte die Fragen.

1 Warum sitzt Valentina in einem Polizeiauto?
2 Beschreibe das Bild auf Seite 45.
3 Ist Valentina in Gefahr? Was denkst du?

Wortschatz

2 Schau dir die Bilder in diesem Kapitel und die Wörter im Kästchen an. Was könnte als nächstes passieren?

> ruft — lesen — passiert — Kaffehaus — Tagen — spannende — Gefahr — beobachtet

3 Ergänze die Sätze mit den Wörtern aus der Liste von Übung 2.

1 Viele Menschen .... Valentinas Blog in den nächsten Tagen.
2 Sie schreibt dazu eine .... Geschichte.
3 Sie sitzt immer im .... und macht Fotos.
4 Irgendwie hat sie aber das Gefühl, als .... sie jemand.
5 In den nächsten .... fühlt sie sich nicht sehr gut.
6 Als sie eines Tages nach Hause geht, ... fast ein schrecklicher Unfall.
7 Valentina ist jetzt in großer ....
8 Sie hat große Angst und .... die Polizei.

Eine Fotografin in Gefahr

n den nächsten Tagen lesen viele Leute Valentinas Geschichte über das geheimnisvolle Foto. Auch Onkel Werner ist sehr stolz auf Valentina. Er hat einen Freund bei einer kleinen Zeitschrift und der soll mit Valentina ein Interview machen. Valentina fühlt sich wie ein Star.

Sie sitzt auch ab und zu wieder einmal in ihrem Lieblingscafé und macht Fotos. Als sie eines Tages dort sitzt fühlt sie sich unwohl. Sie hat ständig das Gefühl, dass sie jemand beobachtet. Als sich Valentina aber umdreht, ist niemand da. Sie hat ein bisschen Angst und geht nach Hause.

Als Valentina die Fußgängerzone verlässt bemerkt sie ein dunkles Auto. Als sie um die Ecke kommt geht das Fenster auf. Jetzt

hat Valentina richtig Angst. Das Fenster des Autos geht wieder zu und das Auto fängt an sich zu bewegen. Das Auto fährt sehr langsam auf Valentina zu. Als sie die Straße überqueren will wird das Auto plötzlich schneller. Es kommt mit hoher Geschwindigkeit auf Valentina zu. Sie bemerkt es in letzter Sekunde und springt zur Seite.

Eine Frau kommt ihr zur Hilfe. „Was ist passiert?", fragt die Frau. „Ich weiß es nicht", antwortet Valentina. „Ich glaube, da wollte mich gerade jemand überfahren!", weint sie. "Bist du verletzt?", fragt die Frau. "Zum Glück nicht", antwortet Valentina.

Die Frau ruft sofort von seinem Handy aus die Polizei, die wenige Minuten später auch zur Hilfe kommt. Die Polizisten nehmen Valentina auf die Polizeistation mit.

Auf der Polizeistation empfängt sie ein Mann im mittleren Alter. Er ist ziemlich groß, hat hellbraune Haare und braune Augen. Er sieht nett und hilfsbereit aus.

„Hallo, ich bin Kommissar Steiner!", stellt sich der Mann vor. "Ich bin der Polizeichef." Der Kommissar stellt Valentina viele Fragen. Sie beschreibt das Auto, kann aber nicht sagen, warum man sie überfahren wollte. Bald darauf erscheinen Valentinas Eltern. Valentina fängt sofort an zu weinen und läuft zu ihrer Mutter. Valentinas Vater spricht noch kurz mit Kommissar Steiner und dann bringen sie Valentina nach Hause.

Am nächsten Morgen ist Valentina noch immer sehr nervös. Sie hat Angst und fühlt sich wie der Mann aus Edvard Munchs Gemälde *Der Schrei*. Deswegen geht sie heute nicht zur Schule. Sie trinkt einen Tee und hört zu, wie ihr Vater wieder aus der Zeitung liest. „Noch immer keine Hinweise zum Juwelenraub", liest er. „Die Polizei tappt nach dem Juwelenraub in der Wiener

Innenstadt immer noch im Dunkeln [1]. Es gibt viele Hinweise [2], aber noch keinen Verdächtigen [3]. Die Polizei sucht nach einem Mann mittleren Alters, mit einem schwarzen Mantel und einer auffälliger roten Krawatte." Valentinas Vater legt die Zeitung zur Seite. „Den werden sie nie finden!", sagt er.

Plötzlich fällt Valentina ihr Bild ein. „Das klingt nach dem Mann auf dem Foto, das ich vor zwei Wochen in der Stadt gemacht habe", erzählt Valentina. „Du hast wirklich nur deine Fotos im Kopf", antwortet ihr Vater.

Valentina nimmt sofort ihr Handy und wählt die Telefonnummer des Kommissars

„Ja, Kommissar Steiner," sagt die Stimme am anderen Ende. „Herr Kommissar", sagt Valentina nervös, „ ich habe vielleicht ihren Juwelendieb gefunden!"

"Was?", fragt der Kommissar erstaunt.

"Ja, wissen Sie... meine Fotos, mein Blog... Am besten kommen sie hierher und ich erzähle Ihnen alles."

"Ja, ja, sicher, Ich komme sofort."

---

1.   **im Dunkeln tappen:** Sie wissen nicht was passiert ist.
2.   **r Hinweis(e):** ein Tipp.
3.   **r Verdächtiger:** man glaubt er hat es getan.

Was steht **im Text?**

Textverständnis

1 **Was ist richtig (R), was ist falsch (F)?**

		R	F
1	Valentinas Eltern sind sehr stolz auf sie.	☐	☐
2	Valentina wird von jemandem verfolgt.	☐	☐
3	Valentina hat keine Angst.	☐	☐
4	Das Auto überfährt Valentina.	☐	☐
5	Die Polizisten bringen Valentina nach Hause.	☐	☐
6	Der Kommissar ist ein netter Mann.	☐	☐
7	Valentina geht nicht zur Schule, denn sie ist müde.	☐	☐
8	Valentina weißt vielleicht, wer der Juwelendieb ist.	☐	☐

2 **Beantworte kurz die folgenden Fragen.**

1 Wie viele Leute haben in den vergangenen tagen Valentinas Blog gelesen?
2 Warum fühlt sich Valentina im Café auf einmal unwohl?
3 Was passiert Valentina auf dem Heimweg?
4 Wie geht es der Polizei mit den Ermittlungen zum Juwelenraub ?

Grammatik

Dass- und weil-Sätze

Dass und *weil* sind Subjunktoren und leiten einen Nebensatz ein. In Nebensätzen steht das konjugierte Verb immer am Ende.

Der Nebensatz mit *weil* enthält den „Grund", der Hauptsatz die „Folge".

*Valentina ärgert sich, **weil** ihre Eltern sie nicht ernst **nehmen.***
     FOLGE   GRUND

Der Nebensatz mit *dass* steht oft als Akkusativ-Ergänzung.

*Valentina weiss, **dass** sie eine gute Fotografin ist.*
         AKKUSATIV-ERGÄNZUNG

Hier sind einige Verben und Ausdrücke, die einen "dass"-Satz als Akkusativ-Ergänzung bilden:

befürchten, denken, glauben, sich freuen, hoffen, meinen, sehen, sagen, hören, vergessen, wissen, wollen, das Gefühl haben, froh sein, ...

3 Ergänze mit *dass* oder *weil*.

1   Weißt du, ... Valentina morgen Geburtstag hat?
2   Katrin macht heute die Hausaufgaben, ... sie morgen ins Schwimmbad gehen möchte.
3   Ich hoffe, ... es morgen nicht regnet, ... wandern gehen möchte
4   Karen kauft sicht keine neue Bluse, ... sie kein Geld hat.
5   Wir lernen Deutsch, ... wir nach Berlin fahren möchten.
6   Mutti denkt, ... ich faul bin.
7   Ich freue mich sehr, ... du mitkommst.
8   - Warum isst du nichts?
    -   .... ich keinen Hunger habe.

4 Antworte mit *weil*.

Warum gehst du so früh ins Bett? (müde sein)
- Weil ich müde bin.
1   Warum kaufst du diesen Computer nicht? (*zu teuer sein*)
2   Warum gehst du nicht ins Kino? (*keine Zeit haben*)
3   Warum bleibst du nicht? (*zu spät sein*)
4   Warum spricht Karola nie? (*sehr schüchtern sein*)
5   Warum isst du die Suppe nicht? (*nicht gut schmecken*)

5 Verbinde die Sätze mit *dass*.

Mutti sagt, (ich stehe zu spät auf) > Mutti sagt, dass ich zu spät aufstehe.
1   Weisst du, (*wir haben einen neuen Mathelehrer*)?
2   Ich sehe, (*du hast ein tolles neues Auto*)!
3   Meine Eltern wollen nicht, (*ich gehe abends aus*).
4   Claudia denkt, (*der Film war langweilig*).
5   Stefan freut sich sehr, (*er hat viele Freunde*)

Sprechen
6 Valentina hat Angst, als sie von einem Auto verfolgt wird. Wovor hast du Angst? Sprich darüber!

Schreiben

7 Valentina liebt es zu fotografieren. Was ist dein Hobby? Schreibe einen kurzen Text darüber. Was tust du am liebsten? Wann hast du damit angefangen? Was magst du besonders gerne daran?

Am liebsten gehe ich...
Ich habe vor ... damit angefangen
Besonders gefällt mir daran...

KULTUR und LANDESKUNDE

Der Schrei

Der Schrei ist ein berühmtes Gemälde des norwegischen Malers Edvard Munch. Das Bild zeigt eine Figur mit einem gequälten Gesichtsausdruck vor einer Landschaft mit einem stürmischen orangen Himmel.
Edvard Munch malt mehrere Versionen von diesem Bild. Die Nationalgalerie in Oslo besitzt eines davon. Das Munch-Museum hat eine andere Version.
Der Schrei ist Ziel von mehreren Kunstrauben. Im Jahr 1994 stiehlt man die Version in der Nationalgalerie. Einige Monate später findet man sie wieder. Im Jahr 2004 stiehlt man das Bild aus dem Munch-Museum, zwei Jahre später findet man es wieder.

8 Beantworte die folgenden Fragen.

1 Beschreibe das Bild *Der Schrei*.

2 Wo befindet sich eine Kopie des Gemäldes?

3 Was passiert im Jahr 2006?

Die Geisterbahn

Kommissar Steiner fährt sofort zu Valentina nach
Hause. Sie erzählt im alles über das Bild und ihren
Blog. Dann zeigt sie dem Kommissar ihren Blog und
das Foto. Der Kommissar hat sofort eine Idee.

„Wie viele Menschen haben das hier gesehen?", fragt er. „Weit
über tausend," antwortet Valentina. „Und es war auch in der
Schülerzeitung. Nächste Woche erscheint es in einer Zeitschrift."

Kommissar Steiner glaubt, dass der Juwelendieb auf das
Bild irgendwie aufmerksam geworden ist. Deswegen wollte er
Valentina auch mit dem Auto überfahren.

„Du befindest dich in großer Gefahr!", sagt der Kommissar zu
Valentina. „Ich habe eine Idee, aber es ist sehr gefährlich." Der

Die Geisterbahn

Kommissar erzählt Valentina und ihren Eltern von seiner Idee. Sie haben Angst. „Keine Sorge," sagt der Kommissar, „Valentina wird nichts passieren!"

Kommissar Steiner will dem Juwelendieb eine Falle stellen[1]. Er weiß nicht, wer der Mann auf dem Bild ist, aber gemeinsam mit Valentina will er dem Juwelendieb eine Falle stellen.

„Um den Juwelendieb zu fangen, musst du in deinem Blog schreiben das du weißt, wer der Mann auf dem Foto ist," sagt der Kommissar zu Valentina. Valentina schreibt auch, dass sie am nächsten Tag im Wiener Prater Fotos von der berühmten Geisterbahn machen will.

„Wenn alles gut geht, wird der Mann aus dem geheimnisvollen Foto das lesen und versuchen, dir dort etwas anzutun," erklärt Kommissar Steiner. „Genau dann fangen wir ihn!"

Einige Tage später ist es so weit. Valentina fährt mit der U-Bahn zum Wiener Prater. Sie hat große Angst. Einige Polizisten und Kommissar Steiner beobachten sie. Bis jetzt gibt es keine Spur von dem Mann auf dem geheimnisvollen Foto. Valentina beschließt zur Geisterbahn zu gehen. Ihr ist wirklich gruselig. Überall gibt es Teufel, Kobolde und Zombies.

Valentina setzt sich in einen Wagen. Der Wagen fängt an sich zu bewegen und fährt in die Geisterbahn. Diese geht auf und Valentina hört Schreie und andere gruselige Geräusche. Plötzlich wird es dunkel. Alle Lichter sind ausgegangen und Valentina hört nur das Geräusch des Wagens der über die Schienen fährt. Plötzlich spürt sie etwas neben sich. Ja, da sitzt jemand. Valentina schreit, aber bei den vielen Geräuschen in der Geisterbahn kann sie niemand hören. Dann, als der Wagen

1. eine Falle stellen: ihn reinlegen und fangen.

langsamer wird, schaltet jemand neben ihr eine Taschenlampe ein.

„Aussteigen!", sagt eine Männerstimme. Eine schwarze Gestalt stößt sie aus dem Wagen und packt sie am Arm. Valentina kann die Person nicht sehen, nur das Licht der Taschenlampe. Die Person zieht Valentina zur Seite und durch eine Tür. Dort ist es nicht mehr so dunkel. Valentina kann die Person aber immer noch nicht erkennen, denn sie ist komplett in Schwarz gekleidet und trägt auch eine schwarze Maske. „Mach keinen Pieps, hörst du!", befiehlt die Stimme, und stößt Valentina durch einen Hinterausgang ins Freie.

In der Zwischenzeit beobachtet Kommissar Steiner die Geisterbahn von außen. „Irgend etwas stimmt hier nicht!", sagt er seinen Kollegen ins Funkgerät. Als dann ein leerer Wagen aus der Geisterbahn fährt rennt er zur Geisterbahn. „Stoppen Sie sofort die Geisterbahn!", befiehlt er einem Techniker, „und schalten Sie alle Lichter ein!"

Kommissar Steiner und die Polizeibeamten untersuchen die Geisterbahn, aber es gibt keine Spur von Valentina. Sie ist verschwunden. Dann findet Kommissar Steiner den Hinterausgang. „Wir haben einen riesigen Fehler gemacht!", sagt er zu seinen Kollegen.

Der Kommissar macht sich große Sorgen. Was ist, wenn Valentina etwas passiert ist?

Textverständnis

1 **Was ist richtig (R), was ist falsch (F)?**

R F

1 Kommissar Steiner erfährt alles über Valentinas Foto.

2 Der Kommissar muss lange überlegen, bis er eine Idee hat.

3 Der Kommissar glaubt nicht, dass der Juwelendieb Valentina überfahren wollte.

4 Der Kommissar erzählt Valentinas Eltern nicht von seiner gefährlichen Idee.

5 Valentina will mit ihrem Blog den Juwelendieb anlocken.

6 Valentina schreibt in den Blog, wo sie am nächsten Tag hingeht.

7 Valentina fährt am nächsten Tag mit der Straßenbahn zum Wiener Prater.

8 Die Polizei findet keine Spur vom Mann auf dem Foto.

9 Valentina fährt alleine mit der Geisterbahn.

10 Valentina hat keine Angst, weil sie weiß, dass der Kommissar sie beobachtet.

2 **Beantworte kurz die folgenden Fragen.**

1 Was erzählt Valentina dem Kommissar?

2 Wem erzählt der Kommissar von seiner Idee?

3 Was hört Valentina in der Geisterbahn?

4 Wie sieht die Person aus, die Valentina aus der Geisterbahn zieht?

Grammatik

Die Negation

Die Negation ist die Ablehnung oder Verneinung. Man kann zum Beispiel Aussagen verneinen. Im Deutschen verneint man mit den Wörtern **kein**, **keine** oder **nicht**.

Kein ist ein Negativartikel; er verneint Substantive mit unbestimmtem Artikel oder mit Nullartikel.

Das ist **ein** Fotoapparat. → Das ist **kein** Fotoapparat.

Das ist **ein** Buch. → Das ist **kein** Buch.

Das ist **eine** Digitalkamera. → Das ist **keine** Digitalkamera.

Ich trinke Orangensaft. → Ich trinke **keinen** Orangensaft.

Das sind Fotoapparate. → Das sind **keine** Fotoapparate.

Das Negationswort **nicht** steht vor allen anderen negierten Wörtern (Substantive mit bestimmten Artikel oder Possessivartikel, Adverbien, Adjektive, Verben, Präpositionen). In diesen Fällen kann man eine Alternative ausdrücken, die vom Konjunktor *sondern* eingeführt wird.

*Das ist **nicht mein** Bruder.*
*Das ist **nicht mein** Bruder, **sondern** mein Freund.*
*Ich esse **nicht den** Pudding, **sondern** den Kuchen.*
*Thomas ist **nicht fleißig**.*
*Thomas **lernt nicht** fleißig.*
*Ich fahre **nicht mit** dem Zug, **sondern** mit dem Auto.*

Wenn man den ganzen Satz verneint, dann steht das Negationswort am Ende des Satzes.

*Mit dem Zug fahre ich **nicht**.*

3 **Schreibe die Sätze um.**

Ich trinke die Cola nicht. (den Apfelsaft). → *Ich trinke nicht die Cola, sondern den Apfelsaft*

1 Oliver liest die Zeitschrift nicht. (das Buch)
2 Ich kaufe den Rock nicht. (die Hose)
3 Ich esse jetzt nicht. (später)
4 Ich lerne das Gedicht nicht. (das Lied)
5 Ich schreibe die E-Mail an Ute nicht. (an Matthias)

4 *Kein* **oder** *nicht*?

1 Ich habe .... Bruder.
2 Die Suppe schmeckt mir ....
3 Der Fernseher funktioniert .... gut.
4 Meine kleine Schwester trinkt .... Milch.
5 Ulrike und Simone sind .... sehr nett.
6 Ich lerne .... heute, sondern morgen.
7 Wir machen leider .... Urlaub
8 -Kommst du mit?
   - Nein, ich habe .... Lust.

Sprechen

5 Kommissar Steiner überredet Valentina, etwas richtig Gefährliches zu tun. Hast du schon einmal etwas sehr Gefährliches getan? Sprich darüber!

Schreiben

6 Valentina fährt mit der Geisterbahn im Wiener Prater. Was gefällt dir am meisten, wenn du den Rummelplatz besuchst? Schreibe einen kurzen Text darüber.

KULTUR und LANDESKUNDE

Der Wiener Prater

Der Wiener Prater ist ein riesiges, zirka 6 km2 großes Areal. Wenn man aber vom „Prater" spricht, spricht man meistens vom riesigen Vergnügungspark, dem „Wurstelprater". Den Vergnügungspark gibt es schon seit 1825. Die größte Attraktion des Praters ist natürlich das Wiener Riesenrad. Es wird 1897 zum 50. Thronjubiläum [1] von Kaiser Franz Josef gebaut und ist damals das größte Riesenrad der Welt. 1945 wird der Prater im Zweiten Weltkrieg fast völlig zerstört.

Heute gibt es im Prater viele Attraktionen, wie Achterbahnen, Karussells und natürlich Madame Tussaud 's berühmtes Wachsmuseum.

7 Beantworte kurz die folgenden Fragen?

1 Warum wird das Riesenrad gebaut?
2 Wann wird der Prater zerstört?
3 Was gibt es heute dort zu sehen?
  Schau dir die Homepage des Wiener Praters unter www.prater.at an. Was gibt es dort zu tun? Was kann man sehen?

---

1. s Thronjubiläum: Er war 50. Jahre lang Kaiser

Vor dem **Lesen**

Zum Nachdenken

1 Schau dir das Bild auf Seite 58 an und beantworte die Fragen.

1   Wo befinden sich Valentina und der Juwelendieb?
2   Was passiert gerade?
3   Wie geht die Geschichte aus? Was glaubst du?

Wortschatz

2 Schau dir die Bilder in diesem Kapitel und die Wörter im Kästchen an. Was könnte als nächstes passieren?

> suchen — Fragen — Sorgen — stehen —
> Funkspruch — wundern — finden — Plan

3 Ergänze die Sätze mit den Wörtern aus der Liste von Übung 2.

1   Der .... von Kommissar Steiner funktioniert nicht.
2   Polizisten .... jetzt überall nach Valentina.
3   Sie machen sich alle große .... um Valentina.
4   Die Polizisten können Valentina und den geheimnisvollen Mann nicht ....
5   Kurz darauf erhält der Kommissar einen .... von einem anderen Polizisten.
6   Viele Menschen .... sich, warum so viele Polizisten im Parater sind.
7   Sie bleiben .... und machen viele Fotos.
8   Manche Menschen stellen den Polizisten ....

Alles klar, Herr Kommissar?

nnerhalb von wenigen Minuten lässt Kommissar Steiner das ganze Gelände rund um den Prater sperren. Überall sind Polizeibeamte und alle suchen Valentina, doch sie können sie nicht finden.

Der Kommissar wird sehr nervös. Er möchte nicht, dass Valentina etwas passiert.

„Vielleicht hat der Juwelendieb das Gelände des Praters mit dem Mädchen schon verlassen," sagt ein Polizeibeamter zu Kommissar Steiner."

„Keine Sorge", antwortet der Kommissar, „wir haben unsere Beamten an allen U-Bahn- und Busstationen rund um den Prater gestellt. Wir schnappen ihn schon!"

Kurz danach bekommt der Kommissar einen Funkspruch von einem anderen Beamten.

„Her Kommissar, Herr Kommissar!", schreit der Polizist. „Wir haben die zwei gesehen. Der Mann ist mit dem Mädchen zur U-Bahn gelaufen und läuft mit ihr die Schienen entlang."

„Lasst sofort alle Züge stoppen," antwortet der Kommissar, „ich will nicht, dass dem Mädchen etwas passiert!"

Über zwanzig Polizisten und Kommissar Steiner laufen zur U-Bahn. Sie springen auf die Schienen und suchen den Mann. Leider ist es sehr dunkel. Der Mann hält Valentina an einem Arm fest. Valentina zittert, aber trotz ihrer Angst, findet sie den Mut mit der freien Hand ein Foto von dem Mann zu machen. Ein Blitzlicht erscheint im Dunkeln.

„Hier drüben!", ruft der Kommissar, „Ich habe ein Licht gesehen!" Der Kommissar und drei Polizisten laufen zum Licht und finden den Mann.

„Lassen sie das Mädchen los!", ruft der Kommissar. „ Wir haben alle Wege versperrt. Hier gibt es für sie keinen Ausweg. Ihre Reise ist hier zu Ende!"

Der Mann hebt seine Hände und lässt das Mädchen los. Valentina läuft sofort zu Kommissar Steiner. Sie hat Tränen in den Augen. Die Polizisten schnappen sich den Juwelendieb, legen ihm Handschellen an und nehmen ihn mit.

Am nächsten Tag sitzt Valentina mit ihren Eltern am Frühstückstisch. Ihre Mutter trinkt Kaffee und ihr Vater liest wie immer die Zeitung. Auf der Titelseite der Tageszeitung steht: „Mädchen hilft der Polizei Juwelendieb zu finden". Valentinas Vater faltet die Zeitung und legt sie zur Seite. „Ich bin so froh, dass es dir gut geht. Ich bin wirklich stolz auf dich!"

Textverständnis

1 **Was ist richtig (R), was ist falsch (F)?**

		R	F
1	Viele Polizisten suchen nach Valentina.	☐	☐
2	Der Mann hat das Mädchen zur Straßenbahn geschleppt.	☐	☐
3	Der Kommissar hofft, dass keine Züge kommen.	☐	☐
4	Valentina hat schreckliche Angst, aber sie ist trotzdem mutig.	☐	☐
5	Die Polizisten finden Valentina durch das Licht von ihrem Feuerzeug.	☐	☐
6	Als die Polizisten den Mann finden, läuft er davon.	☐	☐
7	Der Mann wird verhaftet und von der Polizei mitgenommen.	☐	☐
8	Valentina lacht, als sie endlich befreit ist.	☐	☐
9	Valentinas Eltern lesen am nächsten morgen die Zeitung.	☐	☐
10	Alle sind froh, dass Valentina gesund ist.	☐	☐

2 **Beantworte kurz die folgenden Fragen.**

1 Was macht Kommissar Steiner als Valentina verschwunden ist?

2 Wo schickt der Kommissar seine Polizeibeamten hin?

3 Was macht Valentina, damit der Kommissar sie findet?

4 Was machen die Polizisten mit dem Juwelendieb?

Sprechen

3 **Hast du einen Lieblingskrimi? Ist es ein Buch oder ein Film? Erzähle, was darin passiert und was dir besonders daran gefällt.**

Schreiben

4 **Valentinas Vater liest am Morgen die Zeitung. Du hast schon einen kurzen Text zur Schlagzeile „Juwelenraub in Wien" geschrieben. Schreibe jetzt einen kurzen Text zur Schlagzeile„ Mädchen hilft der Polizei, Juwelendieb zu finden." Was ist passiert?**

KULTUR UND LANDESKUNDE

Der dritte Mann

Der dritte Mann ist ein berühmter Krimi, der 1949 in Wien gedreht wird. Der Film ist schwarzweiß. Im Film sucht der amerikanische Autor Joseph Cotten einen Job bei seinem Freund Harry Lime (gespielt vom berühmten Schauspieler, Orson Welles) in Wien.

Berühmt wird der Film vor allem wegen der Titelmusik. Das weltbekannte Harry-Lime-Thema wird im Film auf der Zither gespielt.

Ein Teil des Films spielt in den Kanälen von Wien. Noch heute kann man eine Führung durch das Kanalsystem von Wien machen. Während der zwei-stündigen Führung, die sich „Auf den Spuren von Harry Lime" nennt, kann man sehen, wo der Film vor vielen Jahrzenten gedreht wurde.

Szenenfoto aus dem Film
Der dritte Mann.

5 Beantworte die kurz die folgenden Fragen.

1 Was ist am Film *Der dritte Mann* besonders berühmt?

2 Wo spielt ein Teil des Filmes?

3 Warum geht Joseph Cotten nach Wien?

4 Wie kann man die Geschichte von Harry Lime heute noch erleben?

1 Diese Bilder beziehen sich auf den einzelnen Kapitel. Bringe sie in die richtige Reihenfolge und schreibe zu jedem Bild zwei Sätze.

Textverstandnis

2 Was ist richtig (R), was ist falsch (F)?

R F

1 Valentina ist Fotografin in Wien.

2 Valentina hofft, dass sie zum Geburtstag endlich ihre Lieblingskamera bekommt.

3 Valentinas Onkel unterstützt sie bei ihrem Traum.

4 Valentinas Eltern wollen, dass sie Anwältin wird.

5 Valentinas Papa regt sich oft über die Artikel in der Zeitung auf.

6 Valentina macht ein Foto von einem Mann, der sie nachher überfahren will.

	R	F

7   Kommissar Steiner kennt den geheimnisvollen Mann. ☐ ☐

8   Valentina schreibt an einem Blog. ☐ ☐

9   Die Polizisten merken nicht, dass der Mann Valentina
    aus der Geisterbahn entführt hat. ☐ ☐

10 Valentina arbeitet für die Unizeitung. ☐ ☐

Grammatik

3 **Konjugiere die Verben.**

	spielen	wohnen	leben	lernen
ich				
du				
er/sie/es				
wir				
ihr				
sie, Sie				

4 **Ergänze mit *die*, *das* oder *den*.**

1   Ich lege die Geldtasche in .... Auto.

2   Mama hängt das neue Bild an .... Wand.

3   Opa setz sich in .... Stuhl.

4   Der Fuchs geht in .... Wald und versteckt sich.

5   Das Mädchen legt ihre Kamera in .... Schublade.

5 **Ergänze mit der richtigen Form von *sein* oder *haben*.**

1   Valentina .... 15 Jahre alt.

2   Sie .... eine neue Digitalkamera.

3   Sie .... Geschwister.

4   Ihre Eltern .... beide gute Jobs.

5   Sie .... sehr reich.

6   Ihr Onkel .... Journalist.

6 **Verneine die Sätze im Übung 5.**